Lerner SPORTS EN ESPAÑOL

LOS MEJORES JUGADORES DE TODOS LOS TIEMPOS

G.O.A.T. DELANTEROS DE FÚTBOL

ALEXANDER LOWE

ediciones Lerner ◆ Mineápolis

Título original: *G.O.A.T. Soccer Strikers*

La traducción al español fue realizada por Zab Translation.

ediciones Lerner
Una división de Lerner Publishing Group, Inc.
241 First Avenue North
Mineápolis, MN 55401, EE. UU.

Si desea averiguar acerca de niveles de lectura y para obtener más información, favor consultar este título en www.lernerbooks.com.

Fuente del texto del cuerpo principal: Aptifer Sans LT Pro.
Fuente proporcionada por Linotype AG.

Library of Congress Cataloging-in-Publication Data

Names: Lowe, Alexander, author.
Title: G.O.A.T. delanteros de fútbol / Alexander Lowe.
Other titles: Greatest of all time delanteros de fútbol
Description: Mineápolis, MN : ediciones Lerner, [2025] | Series: Lerner sports en español. Los mejores jugadores de todos los tiempos | Includes bibliographical references and index. | Audience: Ages 7–11 years | Audience: Grades 2–3 | Summary: "Prepare to tackle one of the toughest questions in soccer: Who is the greatest striker of all time? Strikers race down the field to blast powerful shots at the net. They're the most exciting players in soccer! Read about the greatest strikers of all time, including their skills, goals, and defining moments. Go deep with stats and action-packed text to discover the best soccer strikers of the past and present in a fun, top-ten format. Study the evidence for yourself, and research your own G.O.A.T. list. Then have fun convincing your fellow soccer fans that your list is the best! Now in Spanish!"— Provided by publisher.
Identifiers: LCCN 2024013092 (print) | LCCN 2024013093 (ebook) | ISBN 9798765643952 (lib. bdg.) | ISBN 9798765661246 (pbk.) | ISBN 9798765651742 (epub)
Subjects: LCSH: Strikers (Soccer)—Biography—Juvenile literature. | Soccer players—Rating of—Juvenile literature.
Classification: LCC GV942.7.A1 L6918 2025 (print) | LCC GV942.7.A1 (ebook) | DDC 796.334092/2—dc23/eng/20240415

Fabricado en los Estados Unidos de América
1-1010979-52429-5/21/2024

CONTENIDO

Mia Hamm patea un penal durante la primera ronda de la Copa Mundial femenina del año 2003.

LOS MEJORES GOLEADORES

Con solo unos minutos para que termine el partido, el resultado es un empate 2 a 2. Mia Hamm toma posesión del balón. Dribla para pasar a una defensora. ¡Después pasa a otra! Lo único que hay entre ella y el gol de la victoria es la portera. Hamm simula ir a la izquierda, y entonces lanza un tiro a la parte superior de la esquina derecha. ¡Gol!

DATOS DE INTERÉS

» **MIA HAMM** GANÓ LOS PRIMEROS DOS PREMIOS A LA MEJOR JUGADORA DEL MUNDO DE LA FIFA.

» **ABBY WAMBACH** SUPERÓ EL RÉCORD DE MIA HAMM DE GOLES ANOTADOS EN PARTIDOS INTERNACIONALES EN SU CARRERA EN 2013. EL RÉCORD DE WAMBACH FUE SUPERADO EN 2020.

» **LIONEL MESSI** (*EN LA IMAGEN DE ABAJO*) MANTIENE EL RÉCORD MUNDIAL DE MÁS GOLES ANOTADOS EN UN AÑO, CON 91.

» **PELÉ** FUE FIRMÓ SU PRIMER CONTRATO PROFESIONAL A LOS 15 AÑOS.

El fútbol es el deporte más popular del mundo. En los Estados Unidos se lo conoce como soccer. Muchos países tienen sus propias ligas de clubes profesionales. La mayoría también tiene equipos masculinos y femeninos. Estos equipos nacionales juegan en competencias y torneos en los que también participan otros equipos del mundo. Con tantos buenos equipos y jugadores, es difícil decir quiénes son los más grandes de todos los tiempos (G.O.A.T.). ¡Pero por eso es mucho más divertido debatir con las listas de los mejores jugadores! Todos los aficionados tienen una opinión sobre el G.O.A.T.

El fútbol tiene una larga historia. Algunas formas de este juego tienen casi 2000 años. Las reglas modernas comenzaron en el siglo XIX, y para el siglo XX ya había aficionados en todo el mundo apasionados por el deporte.

Abby Wambach tiene la mirada puesta en otro gol de Estados Unidos en un partido contra el equipo nacional femenino de Escocia. Wambach es una de las mayores goleadoras de la historia del fútbol.

Pelé (*centro*) persigue un balón en un partido contra Bulgaria en 1970. La leyenda continuó liderando Brasil hasta el título de la Copa Mundial de 1970.

Los jugadores en posiciones de ataque por lo general juegan cerca del arco del otro equipo. Los equipos normalmente tienen dos o tres jugadores en posiciones ofensivas en la cancha durante un partido. Un centrodelantero, o simplemente delantero, es un jugador de ataque. Los delanteros por lo general juegan en el medio y con frecuencia marcan la mayoría de los goles del equipo. Los delanteros que juegan por los lados se llaman extremos. Muchos de los jugadores de fútbol más populares del mundo son centrodelanteros. Pero todos los tipos de delanteros son importantes para el éxito de un equipo.

Nro. 10 ABBY WAMBACH

Abby Wambach quizás sea la máxima goleadora de la historia del equipo nacional femenino de Estados Unidos (USWNT). Comenzó su carrera en 2001 y rápidamente se convirtió en una amenaza ofensiva. En la temporada de 2004, marcó 31 goles en 30 partidos. En el año 2013, Wambach batió el récord de goles en el mundo, anteriormente en posesión de Mia Hamm. Durante el transcurso de su carrera, Wambach hizo cinco "hat tricks", jugó dos partidos en los que convirtió cuatro goles e incluso un partido en el que marcó cinco goles.

Wambach hacía goles de maneras fascinantes. Más de un tercio de sus goles en partidos internacionales fueron con la cabeza. Corría hasta que se acercaba al arco, saltaba en el aire y golpeaba el balón con la cabeza. No importaba cuántas defensoras hubiera en su camino. Jugaba como si no existiera el miedo. Los aficionados de todo el mundo respetaban su valentía.

El premio más grande que recibió Wambach fue ser nombrada Mejor Jugadora del Mundo de la FIFA en el año 2012. Se retiró en 2015, pero su influencia ha sobrevivido en la USWNT y en todo el mundo. Wambach es una de las mejores delanteras de la historia del fútbol.

ESTADÍSTICAS DE ABBY WAMBACH

Goles en partidos internacionales	184
Victorias en partidos internacionales	211
Total de partidos internacionales de su carrera	254
Partidos internacionales con múltiples goles	45

Nro. 9 SUN WEN

Cuando el equipo nacional femenino de China estaba en su mejor momento, Sun Wen era la líder del equipo. Hizo su primera aparición para el equipo nacional a los 17 años. Continuó jugando en cuatro Copas Mundiales femeninas para su equipo.

Wen y el equipo nacional chino ganaron la medalla de plata en los Juegos Olímpicos de 1996 y en la Copa Mundial femenina de 1999. China también fue uno de los cuatro mejores equipos en la Copa Mundial femenina de 1995. Wen obtuvo el Balón de Oro en la Copa Mundial femenina de 1999, un premio para la mejor jugadora del torneo. En total, marcó 106 goles en 152 apariciones internacionales.

Wen empató con Michelle Akers en el premio a la Jugadora del Siglo de la FIFA en el año 2002. Wen fue reconocida por ser una gran goleadora y una armadora de juego habilidosa. Era capaz de crear oportunidades para sus compañeras y llevar a China a la victoria. Fue la mejor jugadora de fútbol femenino del mundo durante la mayor parte de la década de 1990. Wen se retiró en el año 2006.

ESTADÍSTICAS DE SUN WEN

Goles en partidos internacionales	106
Total de partidos internacionales de su carrera	152
Goles en la Copa Mundial femenina	16
Apariciones en la Copa Mundial femenina	4

Nro. 8 GERD MÜLLER

A Gerd Müller se lo apodaba Der Bomber. Recibió su apodo por la cantidad de tiros que lanzaba hacia los porteros. Müller es considerado uno de los mayores goleadores de la historia del fútbol.

Mientras jugaba para el equipo nacional de Alemania Occidental, Müller marcó 68 goles. Lo hizo en solo 62 apariciones. Su gol más famoso fue en la final de la Copa Mundial de 1974, que les permitió lograr la victoria.

Müller era más que un gran goleador: era un jugador de toda la cancha. Ganó el Balón de Oro del año 1970, un premio al mejor jugador del mundo. Müller también ganó la Bota de Oro de la Copa Mundial del año 1970, que se entrega al mayor goleador del torneo. Además de ganar la Copa Mundial en el año 1974, llevó a su equipo a ganar el Campeonato Europeo de 1972. Fue dos veces ganador del premio al Futbolista del Año de Alemania Occidental. También ganó cuatro títulos de la liga alemana con su club, el Bayern Munich.

ESTADÍSTICAS DE GERD MÜLLER

Goles en partidos internacionales	68
Asistencias en partidos internacionales	3
Total de partidos internacionales de su carrera	62
Victorias en partidos internacionales	45

Nro. 7 MARCO VAN BASTEN

Marco van Basten es uno de los goleadores más habilidosos de la historia del fútbol. A principios de la década de 1990, era el mejor jugador del mundo. El delantero neerlandés era imparable cuando tenía la mirada en el gol.

Van Basten maravillaba a los aficionados con la forma en la que anotaba. Llamaba mucho la atención por sus increíbles voleas. Cuando un compañero de equipo le pasaba el balón en el aire, van Basten no dejaba que tocara el piso. En vez de eso, pateaba el balón mientras estaba en el aire. La velocidad de estos tiros con frecuencia hacía a que los porteros les fuera imposible detenerlos.

La carrera de van Basten se vio interrumpida debido a las lesiones. Pero igualmente ganó tres premios Balón de Oro. En 1992, fue nombrado el Jugador del Año de la FIFA. La asociación europea de fútbol lo nombró mejor jugador del año en 1989, 1990 y 1992.

ESTADÍSTICAS DE MARCO VAN BASTEN

Goles en partidos internacionales	24
Asistencias en partidos internacionales	6
Total de partidos internacionales de su carrera	58
Victorias en partidos internacionales	31

Nro. 6 ALFREDO DI STÉFANO

Alfredo Di Stéfano fue un gran delantero de Argentina de las décadas de 1940 y 1950. Ganó dos premios Balón de Oro. También ganó seis torneos internacionales importantes. A pesar de no jugar toda su carrera en España, ganó ocho títulos de la liga española.

Muchas estrellas del fútbol que jugaron después de que se retirara Di Stéfano se inspiraron en su estilo de juego. Era tan rápido que algunos decían que tenerlo en el campo era como tener a dos jugadores. Pelé dijo una vez que Di Stéfano era el jugador más completo de la historia.

Di Stéfano fue votado para formar parte del Equipo del Siglo XX. Se seleccionaron a los jugadores para este equipo en 1998, en honor a los mejores jugadores de los últimos 100 años. El legendario Di Stéfano nunca tuvo la posibilidad de jugar en una Copa Mundial. Pero lo que hizo en el juego internacional y en clubes lo transforma en uno de los G.O.A.T.

ESTADÍSTICAS DE ALFREDO DI STÉFANO

Goles en partidos internacionales	23
Total de partidos internacionales de su carrera	31
Victorias en partidos internacionales	20
Goles en clubes	376

Nro. 5 MIA HAMM

Para muchos aficionados al fútbol, Mia Hamm es la primera persona que les viene a la mente cuando piensan en el deporte. Hamm es la jugadora de fútbol más grande de la historia de Estados Unidos. Ayudó a popularizar el juego femenino. Hamm comenzó a jugar para el USWNT cuando solo tenía 15 años de edad.

Hamm anotó muchos goles en su carrera. También era buena para armar el juego para sus compañeras y logró muchas asistencias. Estaba tan dispuesta a pasar el balón a sus compañeras como a lanzar un tiro al arco. Esos atributos la convertían en una gran líder.

Hamm era la goleadora líder de todos los tiempos en el deporte hasta que Abby Wambach superó su récord en 2013. Hamm ganó los primeros dos premios a la Mejor Jugadora del Mundo de la FIFA. Ganó dos títulos de la Copa Mundial femenina y dos medallas de oro olímpicas. Los aficionados estadounidenses aún están esperando otra jugadora tan grande como Mia Hamm.

ESTADÍSTICAS DE MIA HAMM

Goles en partidos internacionales	158
Asistencias en partidos internacionales	144
Total de partidos internacionales de su carrera	275
Apariciones en la Copa Mundial femenina	4

Nro. 4 CRISTIANO RONALDO

En lo que se refiere a las capacidades naturales, es posible que no haya nunca más un jugador como Cristiano Ronaldo. Ronaldo ha estado en lo más alto de su juego durante muchos años. Ganó cinco premios Balón de Oro. El primero fue en 2008. El quinto en 2017. Ronaldo también fue Jugador del Año de la FIFA tres veces.

Lo más impresionante del juego de Ronaldo es su habilidad con el balón. Dribla a los defensores de un lado al otro como si estuvieran parados. Con frecuencia, los oponentes tienen problemas para defenderse de él porque no tienen idea de lo que va a hacer a continuación. Una vez que los deja atrás comiendo polvo, usa su potencia para hacer estallar el balón y sobrepasar al portero.

Ronaldo jugó para cuatro clubes, incluidos Manchester United y el Real Madrid de España. Su equipo actual es Juventus. Durante su paso por el Real Madrid, llevó al equipo a 16 títulos, incluidos 4 victorias en la Champions League. Desde que se unió a Juventus, Ronaldo ha llevado al equipo a ganar dos Supercopas italianas. El éxito de Ronaldo a nivel clubes no tiene comparación.

ESTADÍSTICAS DE CRISTIANO RONALDO

Goles en partidos internacionales	109
Asistencias en partidos internacionales	41
Total de partidos internacionales de su carrera	178
Victorias en partidos internacionales	105

Nro. 3 MARTA

La jugadora más dominante de la historia del fútbol femenino es Marta Vieira da Silva, conocida simplemente como Marta. Tiene algunas de las mejores habilidades con el balón que ningún otro jugador haya tenido. Pequeña y rápida, es más veloz para driblar que ninguna otra mujer en el deporte. Marta ha marcado muchos tipos de goles, pero es experta en patear penales.

En 2019, Marta se convirtió en la primera jugadora de la historia en hacer goles en cinco Copas Mundiales femeninas. En su carrera internacional, marcó 109 goles en solo 155 apariciones, que es un récord para Brasil. Superó el récord de Pelé, quien se convirtió en un gran admirador de su juego.

La Copa Mundial femenina y las Olimpíadas le dieron al mundo la posibilidad de ver la grandeza de Marta. Incluso sus oponentes han reconocido que no hay competencia para Marta. Fue nombrada mejor jugadora de la FIFA seis veces. Incluso sin ganar la Copa Mundial femenina, Marta sigue siendo una de las mejores jugadoras de fútbol de todos los tiempos.

ESTADÍSTICAS DE MARTA

Goles en partidos internacionales	109
Total de partidos internacionales de su carrera	155
Goles en la Copa Mundial femenina	17
Mejor jugadora femenina de la FIFA	6

Nro. 2

PELÉ

Pelé es uno de los jugadores de fútbol más famosos que alguna vez haya jugado el deporte. Incluso quienes no saben mucho de fútbol reconocen el nombre de esta leyenda. Desde el momento en que firmó su primer contrato a los 15 años, Pelé fue una fuerza en el mundo del fútbol.

Ningún jugador hizo más asistencias que Pelé en la historia de la Copa Mundial. Su equipo ganó la Copa Mundial tres veces, en 1958, 1962 y 1970. Pelé es el goleador líder de todos los tiempos del equipo nacional masculino de Brasil.

Pelé también fue una estrella en el juego en clubes. Tiene la mayor cantidad de goles convertidos de la historia de los clubes brasileros, y su equipo ganó la copa de la primera división del país dos veces. Gracias a todos sus goles combinados de competencias entre clubes e internacionales, es el goleador más grande de todos los tiempos en la historia del fútbol.

Pelé fue nombrado, junto con Diego Maradona, Jugador del Siglo de la FIFA en el año 2000. La revista *Time* también lo nombró jugador del siglo. En ese momento, nadie era mejor que Pelé.

ESTADÍSTICAS DE PELÉ

Goles totales	1279
Partidos totales	1363
Goles en partidos internacionales	77
Campeonatos mundiales	3

Nro. 1 LIONEL MESSI

Por suerte para los aficionados al fútbol de todo el mundo, aún pueden ver jugar al delantero más grande de todos los tiempos (G.O.A.T.). Lionel Messi es el mejor delantero y goleador que alguna vez haya jugado el deporte. Ha sido el mejor jugador del mundo durante casi toda su carrera. Nadie en la historia puede igualar sus habilidades.

Messi es un goleador extremadamente talentoso. Marcó 91 goles en el año 2012, más que nadie en un solo año. También tiene la mayor cantidad de goles en la historia del equipo nacional de Argentina.

Messi ganó la increíble cantidad de seis premios Balón de Oro. También fue Jugador del Año de la FIFA cinco veces. Messi no es solo el mayor goleador de todos los tiempos de Barcelona, uno de los equipos más importantes de España, sino que también es el goleador líder de la historia de la liga española de fútbol. Fue nombrado el jugador del año de la liga ocho veces. Messi también ganó muchos otros premios nacionales, internacionales y en las ligas. No hay dudas de que Messi es el delantero más grande del fútbol de todos los tiempos.

ESTADÍSTICAS DE LIONEL MESSI

Goles en partidos internacionales	73
Asistencias en partidos internacionales	51
Total de partidos internacionales de su carrera	147
Victorias en partidos internacionales	87

AÚN MÁS G.O.A.T.

Muchos otros grandes deportistas han jugado como delanteros. Con tantos delanteros asombrosos en el mundo, incluso más podrían considerarse para esta lista. Aquí hay otros 10 que casi llegan a la lista de los G.O.A.T.

Nro. 11	JOHAN CRUYFF
Nro. 12	RONALDO
Nro. 13	FERENC PUSKAS
Nro. 14	CHRISTINE SINCLAIR
Nro. 15	ZICO
Nro. 16	GIUSEPPE MEAZZA
Nro. 17	ROMARIO
Nro. 18	ALEX MORGAN
Nro. 19	GARRINCHA
Nro. 20	KELLY SMITH

TU G.O.A.T.

Es tu turno de hacer una lista de los G.O.A.T. con los mejores delanteros de fútbol. Empieza por investigar. Considera las clasificaciones de este libro. A continuación, consulta la sección Más Información en la página 31. Explora los libros y sitios web para aprender más sobre los jugadores de fútbol del pasado y del presente.

También puedes buscar en Internet más información sobre grandes jugadores. Consulta a un bibliotecario, que puede tener otros recursos para ti. Incluso puedes intentar ponerte en contacto con equipos o jugadores de fútbol para ver qué opinan.

Una vez que hayas terminado, haz tu lista de los mejores delanteros de todos los tiempos. A continuación, pide a tus conocidos que hagan listas de sus G.O.A.T. y compárenlas. ¿Tienes jugadores que nadie incluyó en la lista? ¿Te falta alguno que tus amigos consideren importante? ¡Háblales e intenta convencerlos de que tu lista es la G.O.A.T.!

GLOSARIO

asistencia: un pase que se convierte en una anotación

Balón de Oro: un premio presentado por la revista *France Football* al mejor jugador de fútbol masculino del mundo

cap: partido internacional jugado

club: equipo de fútbol profesional

driblar: mover el balón de fútbol hacia adelante en el campo usando los pies

FIFA: un grupo que supervisa el fútbol en todo el mundo

golpe con la cabeza, cabezazo: un tiro o pase hecho golpeando el balón con la cabeza

hat trick: cuando un jugador hace tres goles en un partido

penal: un tiro libre al arco permitido por ciertas faltas o para decidir el ganador de algunos partidos

volea: una patada al balón antes de que toque el piso

MÁS INFORMACIÓN

Buckley, James. *Soccer Atlas: A Journey across the World and onto the Pitch.* Plano, TX: QEP Publishing, 2021.

Doeden, Matt. *G.O.A.T. Soccer Teams.* Mineápolis: Lerner Publications, 2021.

Mia Hamm: US Soccer Player
https://www.ducksters.com/sports/mia_hamm.php

Peterson, Megan Cooley. *Stars of Women's Soccer.* St. Paul: Black Rabbit Books, 2018.

Ranking the Top 60 Strikers of All Time
https://bleacherreport.com/articles/1954831-ranking-the-top-60-strikers-of-all-time

Sports Illustrated Kids: Soccer
https://www.sikids.com/tag/soccer

ÍNDICE

CRÉDITOS POR LAS FOTOGRAFÍAS

Créditos de las imágenes: Christof Koepsel/Staff/pngimg.com, p.3; Al Messerschmidt/Staff/Getty Images, p.4; David Ramos/Staff/Getty Images, p.5; Frederick Breedon/Stringer/Getty Images, p.6; Pictorial Parade/Staff/Getty Images, p.7; Joe Scarnici/Stringer/Getty Images, p.8; Elsa/Staff/Getty Images, p.9; Jamie Squire/Staff/Getty Images, p.10; Tom Hauck/Staff/Getty Images, p.11; PA Images/Alamy, p.12; Staff/Getty Images, p.13; Simon Bruty/Staff/Getty Images, p.14; Ben Radford/Staff/Getty Images, p.15; PA Images/Alamy, p.16; Central Press/Stringer/Getty Images, p.17; Aubrey Washington/Staff/Getty Images, p.18; Al Messerschmidt/Staff/Getty Images, p.19; Chris Ricco/Stringer/Getty Images, p.20; Alexander Scheube /Stringer/Getty Images, p.21; Alex Menendez/Stringer/Getty Images, 22; Martin Rose/Staff/Getty Images, p.23; Rolls Press/Popperfoto/Getty Images, p. 24; Photo 12/Alamy, p.25; David Ramos/Staff/Getty Images, p.26; David Ramos/Staff/Getty Images, p.27; Nadezhda Shpiiakina/Shutterstock, fondo

Portada: David Ramos/Staff/Getty Images; Marco Luzzani/Stringer/Getty Images; Al Messerschmidt/Staff/Getty Images; Nadezhda Shpiiakina/Shutterstock